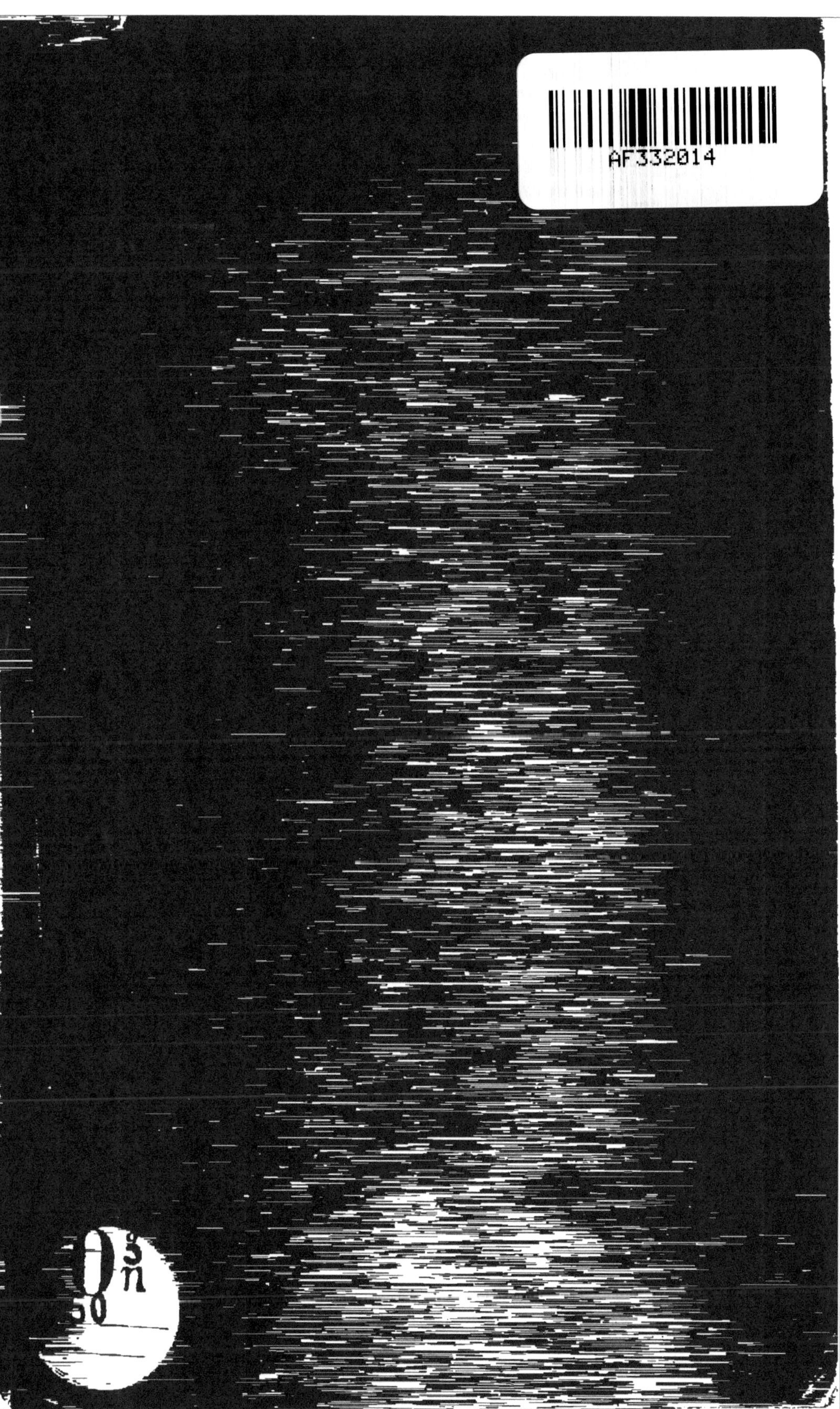
AF332014

MISSION
DE
LOANGO.

MISSION DE LOANGO.

MÉMOIRE

SUR l'Établiſſement d'une Miſſion dans les Royaumes de LOANGO & KAKONGO en Afrique.

LA propagation de la Foi a toujours été l'un des plus grands & des plus dignes objets de la charité & de la piété chrétienne. Les obſtacles, les périls, les dépenſes mêmes n'ont point arrêté ceux à qui le Seigneur inſpiroit le zèle de s'y conſacrer eux-mêmes, ou d'y contribuer par de pieuſes libéralités.

L'ÉTABLISSEMENT, que l'on propoſe ici, a le même but, & donne les plus heureuſes eſpérances ; il offre les plus grandes facilités. Quelques Eccléſiaſtiques, animés de ces ſentimens, ſont tout prêts à s'y dévouer : ne doit-on pas eſpérer que Dieu portera des ames vertueuſes à leur procurer les secours nécessaires pour les premiers frais, & le soutien d'une si bonne œuvre ?

POUR les y déterminer plus aisément, on va leur exposer avec simplicité le projet de cette Mission : ce qu'on peut s'en promettre, avec la grace de Dieu : & ce qu'il demande à peu près pour son exécution.

PROJET DE LA MISSION.

EN 1765 , Clément XIII. donna à trois Prêtres François, que leurs Supérieurs Ecclésiastiques y crurent appellés, les pouvoirs nécessaires pour établir une Mission sur la Côte de Loango (*a*). L'année suivante, ils se rendirent à leur destination.

UN d'eux mourut d'épuisement, après six mois de séjour. Des maladies, & le défaut de secours, obligèrent les deux autres à suspendre leur entreprise : ils

─────────────────────────

(*a*) Cette Mission s'étend sur la Côte occidentale d'Afrique, depuis la Ligne équinoctiale, jusqu'au fleuve du Zaïre dont l'embouchure est par les six degrés de latitude méridionale.

repaſsèrent en France, pour rétablir leur
ſanté.

Peu de temps après leur départ de
Loango, y arrivèrent deux autres Miſſionnaires qu'ils avoient deſirés, mais qu'ils
n'attendoient plus. Ceux-ci, affligés de ſe
voir privés des ſecours qu'ils s'étoient
flattés de trouver dans leurs prédécef-
ſeurs pour la connoiſſance de la Langue
& des mœurs du Pays, n'en crurent pas
moins devoir s'appliquer à l'œuvre qu'ils
venoient entreprendre.

De fortes raiſons les déterminèrent à
paſſer dans le Royaume de Kakongo (a).
Le Roi du Pays les reçut avec bonté,
leur fit donner un logement & des vivres.
Les Habitans, pour la plûpart, leur témoignèrent beaucoup d'eſtime, d'affection, & même de penchant à s'inſtruire.

Les Miſſionnaires encouragés s'appli-
quèrent beaucoup & heureuſement à l'é-
tude de la Langue. Ils étoient déjà en état
de compoſer & de prononcer quelques
inſtructions, lorſque l'épuiſement de l'un

(a) Kakongo eſt un des Royaumes dépendans de la
Miſſion de Loango.

A iiij

d'eux l'obligea à fon grand regret de re-
paffer en France. L'autre le fuivit quatre
mois après.

SI ces premières tentatives n'ont pas
eu de grands fuccès en apparence (a) :
elles ont mis les Miffionnaires en état de
s'en promettre & de s'en procurer de
rapides, lorfque, avec plus de Coopé-
rateurs & quelques fecours, ils pourront reprendre leur entreprife, comme
ils fe le propofent, & comme les y en-
gagent des perfonnes également recom-
mandables par leurs lumières & leurs
vertus.

CE pieux projet a été mis fous les
yeux de M. l'Archevêque de Paris, qui,
l'ayant fait examiner par fon Confeil,
daigne l'honorer de fa protection, & les
Miffionnaires de fa bienveillance.

NOTRE Saint Pere le Pape Clément
XIV. a renouvellé leurs pouvoirs, par un
Refcrit du 23 Février 1772.

(a) L'on ne doit pas néanmoins regarder comme un
léger avantage ; le Baptême que les Miffionnaires ont
conféré à plufieurs enfans moribonds, & les autres Sa-
cremens qu'ils ont adminiftrés aux François, tant en

DÉJA six Ecclésiastiques se sont réunis à
deux (a) des quatre premiers Missionnaires,
pour se vouer à cette bonne œuvre. De
pieux Laïcs s'offrent à les y accompagner :
ils n'attendent plus que le moment où il
plaira à la Providence de les mettre en
état de partir. Les raisons suivantes les y
animent de plus en plus.

ESPÉRANCES DE L'ENTREPRISE.

C'EST du secours du Ciel qu'ils doi-
vent attendre, & qu'ils attendent unique-
ment leurs succès. Mais ne peut-on pas
regarder comme un heureux présage , les
ouvertures & les facilités que la Providence semble leur ménager ? Les voici.

I. UN plus grand nombre d'Ouvriers
assurera mieux l'Entreprise, qu'on ne se
verra pas forcé d'abandonner.

II. L'EXPÉRIENCE des Missionnai-
res, les maladies mêmes qu'ils ont essuyées,
faute de connoître le climat, leur feront

---

santé qu'en danger de mort, & qui auroient été privés
sans eux de ces secours.

(a) Ces deux anciens Missionnaires sont M. Belgarde,
Préfet de la Mission, & M. Descourvieres.

prendre de juſtes précautions pour s'en préſerver, ou pour y remédier avec ſuccès.

III. LA connoiſſance de la Langue qu'ils ont acquiſe, & dont ils vont inſtruire leurs Confrères, les mettra tous en état de ſe livrer aux fonctions de leur miniſtère dès leur arrivée.

IV. ILS auront l'entrée la plus libre dans le Pays, la permiſſion de s'y établir, & toute liberté d'annoncer la Religion. Le Roi de Kakongo les deſire, ainſi que ſon Succeſſeur préſomptif & les Principaux du Pays. Les Peuples ſont diſpoſés & prévenus en leur faveur. Un grand nombre ont promis de les écouter avec docilité, & de leur donner leurs enfans à baptiſer & à inſtruire.

V. LE caractère & les mœurs de ces Peuples (a) les rendent très-ſuſceptibles d'inſtruction. Ils ſont doux, on ne voit preſque jamais de conteſtations entr'eux.

PLEINS d'affection les uns pour les

____

(a). L'on ne parle ici que du caractère & des mœurs de ceux qui n'ont pas de commerce avec les Etrangers ; c'eſt heureuſement le plus grand nombre. Les autres ſont communément fort vicieux.

autres , ils foutiennent avec zèle leurs intérêts réciproques.

DÉSINTÉRESSÉS à l'excès , pour ainfi dire, ils partagent volontiers le peu de bien qu'ils ont avec ceux qui en manquent , fuffent-ils étrangers.

SOBRES & tempérans , on pourroit même dire, mortifiés , la plûpart ne fe nourriffent que de Manioc (a), de quelques autres racines ou fruits , & tous couchent fur la dure.

CHASTES & pudiques, autant qu'on en peut juger à l'extérieur ; on ne les entend jamais proférer la moindre parole, dont la pudeur puiffe être alarmée : ils n'ont pas même de termes pour exprimer ces familiarités fi communes parmi les Européens entre les perfonnes de différent fexe. Ils aiment beaucoup à danfer, mais les hommes n'y danfent jamais avec les femmes. Enfin la polygamie , quoique

---

(b) Le Manioc eft une racine fort infipide de la manière dont ils la préparent : elle eft beaucoup meilleure réduite en farine ou en caffave , comme dans nos Colonies , où elle fert de nourriture aux Efclaves , & même à plufieurs Colons.

permife , n'eft pratiquée que par le plus petit nombre.

IDOLATRES par ignorance , plus que par attachement, ils femblent fentir eux-mêmes la vanité de leurs fuperftitions, & n'y tenir que par une efpèce de routine facile à déraciner.

AUSSI, bien loin d'avoir la moindre répugnance pour les inftructions des Miffionnaires, ils les écoutent avec empreffement & avec attention. Ceux qui trouvoient la morale de l'Evangile trop fublime leur difoient : » Ne nous quittez- » pas , nous fommes trop vieux pour » changer de religion , mais vous inftrui- » rez nos enfans ; ils apprendront à faire » le bien , avant de connoître le mal : » Hélas ! ils feront bien plus heureux que » nous ! » D'autres plus dociles à leurs inftructions, leur promettoient de fe dé-faire des objets de leurs fuperftitions , s'ils confentoient à demeurer avec eux pour leur apprendre à connoître & à fervir le vrai Dieu.

UN d'eux nommé Tamaponda, époux d'une Princeffe, eftimable par la droiture de fon efprit & la bonté de fon cœur, fut

ſi frappé d'étonnement d'entendre les vérités de la Religion qu'on lui annonçoit,
qu'il s'écria pluſieurs fois : *Je veux être
Chrétien, quand même je devrois être le ſeul
dans tout le Pays.*/

LA Princeſſe Mamteva, tante du Roi
de Kakongo, & le Prince Makaïa, ſuc-
ceſſeur préſomptif à la Couronne, ne
témoignèrent pas moins de bonne volonté.
Ce dernier fit même une exhortation pa-
thétique à ſes gens, pour les exciter à
écouter les Miſſionnaires.

ILS conçoivent avec facilité, & retien-
nent bien ce qu'ils ont appris. En voici un
exemple : En 1769 l'un des Miſſionnaires
ayant récité dans une Place publique de la
Ville de Kenguélé, Capitale du Kakongo,
les Commandemens de Dieu dans la Langue du Pays, une femme les écouta avec
tant d'attention, qu'elle en rapporta plus
d'un mois après, une bonne partie, mot à
mot, dans une aſſemblée de ſon Village,
en préſence de l'autre Miſſionnaire.

ILS ont beaucoup de docilité pour
croire les vérités Chrétiennes. Un des enfans, que les Miſſionnaires avoient baptiſés,
étant mort peu de jours après, ſes parens,

perſuadés des effets du Baptême qu'on venoit de leur apprendre, loin d'éclater en murmures, s'écrièrent dans les premiers tranſports de leur douleur, ſans ſçavoir que les Miſſionnaires fuſſent à portée de les entendre : *Ah! il eſt mort!* ... *Mais heureuſement il a été baptiſé; le voilà préſentement avec Dieu dans le Ciel!*

ON ſupprime pluſieurs faits ſemblables (a). Il eſt bien fâcheux que l'état d'épuiſement où ſe trouvoient les Miſſionnaires, les ait contraints d'interrompre cette Miſſion, lorſqu'elle donnoit de ſi belles eſpérances.

QUEL Peuple, en effet, parut jamais plus près de la porte du ſalut? Et peut-on, ſans attendriſſement, voir ces heureuſes diſpoſitions demeurer inutiles?

AUX eſpérances qu'elles donnent, ſe

(a) Ceux qui deſireront un plus ample détail, pourront le faire ſçavoir à M. Deſcourvieres Miſſionnaire, qui ſe propoſe de démeurer à Paris, juſqu'à la fin de Mai de la préſente année 1772. Son adreſſe eſt chez M. l'Abbé Drogy, Docteur de Sorbonne, chez les Dames Carmelites de la rue de Grenelle, Fauxbourg Saint Germain.

joint encore la facilité des moyens pour l'Entreprise.

MOYENS DE FAIRE RÉUSSIR LA MISSION.

LES Missionnaires, une fois arrivés, obtiendront facilement, au moyen de quelques petits présens faits au Seigneur du lieu où ils voudront se fixer, un terrein suffisant pour l'établissement qu'ils projettent. La fertilité du sol, qui sera cultivé par les pieux Laïcs qui sont disposés à les suivre, leur fournira en abondance des fruits, du Manioc, du bled de Turquie, du ris, du millet, peut-être même du froment pour leur nourriture. Les vêtemens n'y sont que de toile, & l'on peut s'en procurer à bon compte.

IL n'y aura donc presque aucune dépense à faire sur les lieux, après deux ou trois ans de séjour. Il ne s'agit, quant-à-présent, que de pourvoir aux frais indispensables pour l'équipement des Missionnaires, leur transport, & les premières avances d'Etablissement. Il convient aussi d'avoir un lieu de correspondance en France, où deux ou trois des Associés seront occupés à recevoir, préparer & envoyer des Sujets, & les petits secours nécessaires à la Mission ; mais cette cor-respondance pourra s'entretenir à peu de frais.

LES Missionnaires voudroient, comme Saint Paul, n'être à charge à personne ; ils se feront une loi de se renfermer dans le seul nécessaire, & regarderont le peu qu'ils recevront de la pieuse libéralité des ames vertueuses, comme le tribut précieux de leur zèle & de leur charité ; & pour leur témoigner une juste reconnoissance, ils ont pris la résolution de dire chacun deux Messes par semaine à l'intention de leurs Bienfaiteurs, pendant tout le temps qu'ils demeureront dans la Mission, & que la santé, la liberté & les autres circonstances pourront le permettre.

SI quelqu'un a le zèle du Seigneur, (& l'on se flatte que le nombre en est encore grand) qu'il se laisse toucher à la vue de tant d'âmes rachetées au prix du Sang d'un Dieu, qui périssent misérablement faute de secours ! Quel est le cœur généreux, sensible aux intérêts de la gloire de Dieu, & au salut de ses frères, qui n'accordera pas volontiers, pour le succès d'une œuvre si sainte, une légère portion des

biens que la divine Providence lui a dé-
partis avec libéralité ! Un intérêt si pref-
fant, une fin si noble, ne demanderoient-
ils pas même qu'on se retranchât un peu
de ce prétendu néceffaire, que l'ufage
étend aujourd'hui bien au-delà des bornes ?

Si le facrifice eft grand, l'objet l'eft
bien davantage ; la récompenfe ne fera pas
moindre. Elle eft promife à quiconque
aura donné un verre d'eau à fon frère dans
fon befoin ; que fera-t-elle pour celui qui
aura contribué au falut de tant d'âmes !

Il n'eft aucun Chrétien qui ne doive
y contribuer, du moins par la ferveur de
fes prières. L'on conjure donc tous les
Fidèles d'en adreffer à Dieu chaque jour,
pour le fuccès d'une fi fainte entreprife,
& pour la converfion de tous les Infidèles.
Hélas ! il s'en perd un fi grand nombre,
faute de connoître la voie qui conduit à
la vie ! Prions donc la fouveraine Vérité,
comme elle nous y invite, de leur fufciter
des Guides charitables : fupplions avec
ardeur le Maître de la Moiffon, qu'il
daigne y envoyer de dignes Moiffonneurs ;
elle eft fi abondante, le nombre des Ouvriers eft fi petit ! *Meffis quidem multa,
operarii autem pauci. Rogate ergo Domi-*

num Meſſis ut mittat operarios in meſſem ſuam. MATTH. C. IX.

Les perſonnes qui voudront contribuer à cette bonne œuvre, pourront confier leurs aumônes, ou aux Miſſionnaires, pendant qu'ils demeureront à Paris, ou à M. le Procureur du Séminaire de Saint Nicolas du Chardonnet, rue Saint-Victor.

Permis d'imprimer, ce 16 *Avril* 1772.
DE SARTINE.

A PARIS,
De l'Imprimerie de KNAPEN, au bas du Pont S. Michel, 1772.